AF318173

ALPHABET FRANÇOIS

PRATIQUE,

Par le moyen duquel on peut apprendre
à lire aux enfants en bien peu de
leçons.

PAR

P. S. AZERAC.

d'AMSTERDAM, chez
A. MEYER, SCHALEKAMP en VAN DE GRAMPEL.
Sur le Voorburgwal vis-à-vis l'Eglise Neuve,
Nº. 196. 1811.

AVERTISSEMENT.

Cet Alphabet, s'écartant un peu de la route ordinaire des livres de cette espèce, il ne sera pas inutile d'en indiquer l'usage. Il faut que celui qui enseigne à lire s'attache d'abord à bien faire prononcer aux enfants les mots qui servent d'introduction à tout l'ouvrage. L'on passera en suite aux numéros rangés en deux colomnes, de maniere que l'écolier puisse épeller et lire immédiatement. Cette méthode, confirmée par une longue pratique, nous a paru courte, et même préférable à celle d'entasser plusieurs listes de ba, be, bi etc. comme on les trouve dans la plûpart des Abécédaires. Elle fournit même un autre avantage, qui est de laisser dans la mémoire des enfants, non des mots isolés, mais quelques historiettes et plusieurs bonnes pensées morales, etc. Mais nous le répetons, il est absolument essentiel de ne rien passer que l'écolier ne le lise parfaitement. Si quelques personnes n'étoient pas de notre opinion, nous les prions de considerer qu'elle n'est cependant pas tout à fait à réjetter.

ÆLPHABET FRANÇOIS.

a, b, c, d, e, f, g, h, i, j,
l, m, n, o, p, q, r, s, t,
u, v, x, y, z.

Voyelles.

a, e, i, y, o, u.

Consonnes.

b, c, d, f, g, h, j, l, m, n, p,
q, r, s, t, v, x, z.

Prononciation.

pre, pré, près, prête, prêté, prêtée,
haie, haïe; ce, ces, de, des, le,
les, me, mes, se, ses, te, tes; ai,
au, eau, an, am, en, em, ain,
aim, ein, in, im, on, om, un,
um, ia, ian, ié, ien, io, ion, oe,
oi, oin, oui, uel, ui.

 ca

ca, sca, ça, cha, ja, ga, gea,
gna, gla, cla, ba, pa, pha, fa,
va, da, ta, sa, za, qua.

ce, sce, che, je, ge, gue, gne,
gle, cle, be, pe, phe, fe, ve,
de, te, se, ze, que.

ci, sci, chi, ji, gi, gui, gni,
gli, cli, bi, pi, phi, fi, vi, di,
ti, si, zi; qui.

co, sco, ço, cho, jo, go, geo,
gno, glo, clo, bo, po, pho, fo,
vo, do, to, so, zo, quo.

cu, scu, çu, chu, ju, gu, geu,
gnu, glu, clu, bu, pu, phu, fu,
vu, du, tu, su, zu, quu.

———

mail, maile; pareil, pareille; babil,
babille; accueil, accueille; fenouil,
grenouille.

———

poisson, poison; embrasser, embraser;
taxe, maxime, exil, soixante, dixaine.

hymen,

hymen, abyme, myſtere; moyen, voyager, royaume, voyons.

il parloit, il mangeoit; ils parloient, ils mangeoient, qu'il parle, qu'il mange; qu'ils parlent, qu'ils mangent pour de l'argent.

les amis, des amis, aux amis; vous avez entendu dire aux enfants, qu'il y avoit un grand arbre au bout du jardin.

Ici Monſieur Sans-ſouci: combien ces ſix cents ſix ſaucisſes ci? Six cents ſix ſous. Six cents ſix fous; ces ſix cents ſix ſaucisſes ci! C'eſt trop d'argent Monſieur Sans-ſouci.

A 4

EPEL-

ÉPELLAGE et LECTURE.

Les jeu-nes gens ont be-foin de re-ce-voir u-ne bon-ne é-du-ca-ti-on; par-ce que fans ce-la, ils ne peu-vent mé-ri-ter l'e-fti-me des per-fon-nes po-li-es.

Les jeunes gens ont befoin de recevoir une bonne éducation; par-ce que fans cela, ils ne peuvent mériter l'eftime des perfonnes polies.

No. 2.

L'hom me est un a-ni-mal rai-fon-na-ble, dé-fti-né à vivre en fo-ci-é-té. C'est pour quoi il doit tâ-cher d'ac-qué-rir des con-nois-fan-ces, de s'in-ftrui-re, et par là d'ê-tre un jour en é-tat de con-tri-bu-er à fon pro-pre bon-heur et à ce-lui de fes fem-bla-bles.

L'homme est un a-nimal raifonnable, de-ftiné à vivre en fociété. C'est pour quoi il doit tâcher d'acquerir des connoiffances, de s'in-ftruire, et par là d'être un jour en état de contribuer à fon propre bonheur et à celui de fes fembla-bles.

No. 3.

No. 3.

So-cra-te in-ter-ro-gé, com-ment un hom-me pou-voit im-mor-ta-li-ser fou nom, et ac-qué-rir fur la ter-re la ré-pu-ta-ti-on d'hon-nê-te hom-me? Il ré-pon-dit : c'est en de-ve-nant tel qu'il fou-hai-te d'ê-tre con-nu.

Socrate interrogé, comment un homme pouvoit immortalifer fou nom, et acquérir fur la terre la réputation d'honnête homme? Il répondit: c'est en de-venant tel qu'il fou-haite d'être connu.

No. 4.

On de-man-doit à A-ri-fto-te, quel-le dif-fé-ren-ce il y a-voit, en-tre un hom-me d'e-fprit et un i-gno-rant? C'est la mê-me, ré-pon-dit il, qu'il y a en-tre un mort et un vi-vant.

Sur ton é-fprit fais un ef-fort.

Ap-prends, n'en perds ja-mais l'en-vi-e;

Car l'i-gno-ran-ce en cet-te vi-e,

Est u-ne i-ma-ge de la mort.

On demandoit à Ariftote, quelle diffé-rence il y avoit, entre un homme d'efprit et un ignorant? C'est la même, répondit-il, qu'il y à entre un mort et un vivant.

Sur ton efprit fais un effort.

Apprends, n'en perds jamais l'envie;

Car l'ignorance en cette vie,

Est une image de la mort.

No 5.

So-cra-te con-seil-loit aux jeu-nes gens de le re-gar-der sou-vent dans le mi-roir; a-fin que, s'ils é-toient beaux et bien faits, ils pus-sent gar-de de ne rien fai-re d'in-di-gne de leurs bel-les qua-li-tés, et que s'ils é-toient dif-for-mes, ils s'é-tu-dias-sent à com-pen-ser les dé-fauts du corps par les ver-tus de l'â-me.

Socrate conseilloit aux jeunes gens de se regarder souvent dans le miroir; afin que, s'ils étoient beaux et bien faits, ils prissent garde de ne rien faire d'indigne de leurs belles qualités, et que s'ils étoient difformes, ils s'étudiassent à compenser les défauts du corps par les vertus de l'âme.

No 6.

Com-me les grands ba-bil-lards sont su-jets à beau-coup men-tir, et que sou-vent ils gar-dent de n'ê-tre point crus, lors mê-me qu'ils di-sent la vé-ri-té, Zé-non, pour im-po-ser si-len-ce à un jeu-ne hom-me qui par-loit trop, lui dit: Nous a-vons deux o-reil-les et u-ne seu-le bou-che, a-fin de beau-coup é-cou-ter, et de par-ler peu.

Comme les grands babillards sont sujets à beaucoup mentir, et que souvent ils gardent de n'être point crus, lors même qu'ils disent la vérité, Zénon, pour imposer silence à un jeune homme qui parloit trop, lui dit: Nous avons deux oreilles et une seule bouche, afin de beaucoup écouter, et de parler peu.

No. 7.

No. 7.

Un au-tre ba-bil-lard dé-fi-ra d'ap-pren-dre la Rhé-to-ri-que fous I-fo-cra-te, qui lui de-man-da pour fon fa-lai-re, le dou-ble de ce qu'il re-ce-voit des au-tres, et dit, pour rai-fon : Mon a-mi, il faut que je vous ap-pren-ne, et à par-ler et à vous tai-re.

Un autre babillard défira d'apprendre la Rhétorique fous Ifocrate, qui lui demanda pour fon falaire, le double de ce qu'il recevoit des autres, et dit, pour raifon : Mon ami, il faut que je vous apprenne, et à parler et à vous taire.

No. 8.

Alé-xan-dre le Grand, a-voit u-ne vé-né-ra-ti-on fin-gu-lie-re pour A-ri-fto-te fon pré-cep-teur, et il di-foit, qu'il lui a-voit plus d'o-bli-ga-ti-on qu'à fon père : par-ce que fon père ne lui a-voit don-né que la vi-e, au-lieu que ce-lui-ci lui a-voit ap-pris l'art de bien vi-vre.

Alexandre le Grand, avoit une vénération finguliere pour Ariftote fon précepteur, et il difoit, qu'il lui avoit plus d'obligation qu'à fon père : parce que fon père ne lui avoit donné que la vie, au lieu que celui-ci lui avoit appris l'art de bien vivre.

No. 9.

No. 9.

Un sei-gneur ré-vê-tu du cor-don bleu, dont le gé-ni-e é-toit fort gros-sier, voi-iant un beau dia-mant à la main d'u-ne bel-le d'a-me, dit, tout sot-te-ment : J'ai-me-rois mieux la ba-gue que la main. Et moi, ré-pon-dit la Da-me, en le re-gar-dant ; j'ai-me-rois mieux le li-cou que la bête !

Un seigneur revêtu du cordon bleu, dont le génie étoit fort grossier, voyant un beau diamant à la main d'une belle dame, dit tout sottement : J'aimerois mieux la bague que la main. Et moi, répondit la Dame, en le regardant ; j'aimerois mieux le licou que la bête !

No. 10.

Un pe-tit maî-tre vou-lant jet-ter du ri-di-cu-le sur l'in-ca-pa-ci-té d'un ga-lant hom-me, lui dit : Mon-sieur, on fe-roit un gros li-vre, de ce que vous ne sa-vez pas. Et moi, ré-pon-dit le ga-lant hom-me, je crois qu'on en fe-roit un fort pe-tit de ce que vous sa-vez !

Un petit maître vou-lant jetter du ridicule sur l'incapacité d'un galant homme, lui dit : Monsieur, on feroit un gros livre, de ce que vous ne savez pas. Et moi, répondit le galant homme, je crois qu'on en feroit un fort petit de ce que vous savez !

No. 11.

No. 11.

Un au-tre fan-fa-ron vou-loit rail-ler un hom-me d'é-sprit, sur la gran-deur de ses o-reil-les, quand ce-lui-ci dit: J'a-vou-e, Mon-sieur, que je les ai trop gran-des pour un hom-me; mais con-ve-nez aus-si, que les vô-tres sont trop pe-ti-tes pour un â-ne!

Un autre fanfaron vouloit railler un hom-me d'esprit, sur la grandeur de ses oreil-les, quand celui-ci dit: J'avoue, Monsieur, que je les ai trop grandes pour un hom-me; mais convenez aussi, que les vôtres sont trop petites pour un ane!

No 12.

La po-li-tes-se est l'at-ten-ti-on con-ti-nu-elle à com-plai-re à tout le mon-de, et à n'of-fen-ser per-son-ne. Ce-lui qui pos-sé-de-roit tou-tes les ver-tus so-ci-a-les, se-roit né-ces-sai-re-ment po-li au fou-ve-rain de-gré. Fa-des com-pli-ments, bas-ses com-plai-san-ces, grands mots, jar-gon et ré-vé-ren-ces, mar-quent un a-du-la-teur ram-pant, et non un hom-me po-li.

La politesse est l'at-tention continuelle à complaire à tout le monde, et à n'offenser personne. Celui qui posséderoit toutes les vertus sociales feroit nécessairement poli au souverain degré. Fades compliments, basses complaisances, grands mots, jargon et révé-rences, marquent un adulateur rampant, et non un homme poli.

No. 13.

No. 13.

La po-li-tes-se des grands doit être de l'hu-ma-ni-té; cel-le des in-fé-ri-eurs, de la re-con-nois-san-ce; celle des é-gaux, des ser-vi-ces mu-tu-els et de l'é-sti-me. L'é-sti-me est plus flat-teu-se que l'a-mi-tié et que l'a-mour mê-me: el-le cap-ti-ve mieux les coeurs, et ne fait ja-mais d'in-grats.

La politesse des grands doit être de l'humanité; celle des inférieurs, de la reconnoissance; celle des égaux, des services mutuels et de l'estime. L'estime est plus flatteuse que l'amitié et que l'amour même: elle captive mieux les coeurs, et ne fait jamais d'ingrats.

No. 14.

Si la com-plai-san-ce n'est pas la plus ex-cel-len-te des ver-tus, c'en est une du moins bien u-ti-le et bien a-gré-a-ble dans la so-ci-é-té. Un ga-lant hom-me est d'un ca-ra-cte-re fa-ci-le et li-ant, sa vo-lon-té n'est point à lui, il la plie et la fa-çon-ne au gré de tou-les a-mis, il court au de-vant de leurs dé-sirs, il le fait a-vec gra-ce et ai-san-ce; aus-si cha-cun le ché-rit.

Si la complaisance n'est pas la plus excellente des vertus, c'en est une du moins bien utile et bien agréable dans la société. Un galant homme est d'un caractère facile et liant, sa volonté n'est point à lui, il la plie et façonne au gré de tous les amis, il court devant de leurs désirs, il le fait avec grace et aisance; aussi chacun le chérit.

No. 15.

No. 15.

Un hom-me é-le-vé à un grand em-ploi par un prin-ce, lui en fai-soit des re-mer-ci-ments. Le prin-ce lui ré-pon-dit: Vous ne m'en de-vez pas; je n'ai point éu en-vi-e de vous o-bli-ger, je ne me suis pro-po-sé que l'u-ti-li-té pu-bli-que; si j'a-vois con-nu un plus ha-bi-le hom-me que vous, je ne vous au-rois pas choi-si.

Un homme élevé à un grand emploi par un prince, lui en fai-soit des remerciments. Le prince lui répondit: Vous ne m'en dévez pas; je n'ai point eu envie de vous obliger, je ne me suis proposé que l'utilité publique; si j'avois connu un plus habile homme que vous, je ne vous au-rois pas choisi.

No. 16.

Tou-tes les fois que le bien par-ti-cu-lier se trou-ve en op-po-si-ti-on a-vec le bien pu-blic, l'hom-me doit a-lors re-non-cer à tout ce qu'il a de plus cher, et sa-cri-fi-er au bien com-mun et gé-né-ral sa vi-e mê-me, puis-que le pre-mier de-gré de l'a-mour, est ce-lui de la pa-tri-e.

Toutes les fois que le bien particulier se trouve en opposition avec le bien public, l'homme doit alors re-noncer à tout ce qu'il a de plus cher, et sacrifier au bien com-mun et général sa vie même, puisque le pre-mier degré de l'amour, est celui de la patrie.

No. 17.

No. 17.

Les pe-res et les meres dont les sen-ti-ments ré-pon-dent au voeu de la na-tu-re, sont des mai-tres ten-dres et bien-fai-sants, à qui, par con-sé-quent, leurs en-fants doi-vent u-ne o-bé-is-san-ce fon-dé-e sur un a-mour ré-spec-tu-eux. Cet-te sou-mis-si-on, quoi qu'in-di-spen-sable, doit ê-tre vo-lon-tai-re et par-tir du coeur : il n'est au-cun cas de la vi-e où de bons en-fants puis-sent en être di-spen-sés.

Les peres et les meres dont les sentiments répondent au voeu de la nature, sont des maîtres tendres et bienfaisants, à qui, par conséquent, leurs enfants doivent une obéissance fondée sur un amour respectueux. Cette soumission, quoi qu'indispensable, doit être volontaire et partir du coeur : il n'est aucun cas de la vie où de bons enfants puissent en être dispensés.

No. 18.

L'a-mi-tié est u-ne af-fec-tion dé-sin-té-res-sé-e, fon-dé-e u-ni-que-ment sur l'é-sti-me : c'est un sen-ti-ment dont la for-ce est ré-glé-e sur le de-gré de sen-si-bi-li-té. Né-an-

L'amitié est une affection désinteressée, fondée uniquement sur l'estime : c'est un sen-timent dont la force est réglée sur le degré de sensibilité. Néan-moins il est prudent de

moins il est pru-dent
de ne point ai-mer a-
vant de bien con-noî-
tre, et de ne choi-fir
des a-mis que dans la
clas-fe des gens hon-
nê tes.

Deux cho-fes es-fen-
ti-el-les en a-mi-tié
font l'in-dul-gen-ce et
les bons of-fi-ces.

de ne point aimer
avant de bien connoî-
tre, et de ne chóifir
des amis que dans la
clasfe des gens hon-
nêtes.

Deux chofes esfen-
tielles en amitié, font
l'indulgence et les bons
offices.

No. 19.

Ce n'est pas feu-le-ment
la res-fem-blan-ce de ca-
rac-tè-res et de moeurs
qui ci-men-te l'a-mi-tié,
c'est aus-fi la droi-tu-re
et la pu-re-té. Il faut
donc bien di-ftin-guer
les a-mis des cot-te-ri-es
qui ne font, d'or-di-nai-
re, qu'une con-for-mi-té
de goût pour les plai-
firs. La ver-tu feu-le
fait les vrais a-mis : la
con-fi-an-ce, et la bien-
veil-lan-ce ré-ci-pro-ques
en font les a-pa-na-ges.
Leur con-ver-fa-ti-on ne
rou-le ja-mais fur des
cho-fes dé-pla-cé-es.

Ce n'est pas feulement
la reffemblance de ca-
ractères et de moeurs
qui cimente l'amitié,
c'est ausfi la droiture et
la pureté. Il faut donc
bien distinguer les amis
des cotteries qui ne font,
d'ordinaire, qu'une con-
formité de goût pour
les plaifirs. La vertu
feule fait les vrais amis:
la confiance et la bien-
veillance réciproques en
font les apanages. Leur
converfation ne roule
jamais fur des chofes
déplacées.

No. 20.

No. 20.

Pour vi-vre heu-reux fous le joug de l'hy-men, ne vous y en-ga-gez pas fans ê-tre ai-mé ré-ci-pro-que-ment. Si vo-tre a-mour n'a-voit d'au-tres ob-jet que la beau-té, les gra-ces et la jeu-nes-fe, aus-fi fra-gi-le que ces a-van-ta-ges pas-fa-gers, il pas-fe-roit bien-tôt com-me eux. Mais il fe-ra à l'é-preu-ve du temps, s'il est at-ta-ché aux qua-li-tés du coeur et de l'é-sprit, et fon-dé fur la ver-tu. Si la mort vient à nous en-le-ver la per-fon-ne que nous ché-ris-fons, il est ju-fte d'en ê-tre af-fli-gé, mais il faut que cet-te af-flic-ti-on foit rai-fon-na-ble, et qu'elle n'ail-le pas juf-qu'au dé-fé-fpoir. Nous de-vons en tou-tes cho-fes con-fer-ver no-tre rai-fon et u-ne par-fai-te fou-mis-fion aux vo-lon-tés de Dieu.

Pour vivre heureux fous le joug de l'hy-men, ne vous y en-gagez pas fans être aimé réciproquement. Si votre amour n'avoit d'autre objet que la beauté, les graces et la jeuneffe, auffi fra-gile que ces avantages paffagers, il pafferoit bientôt comme eux. Mais il fera à l'épreu-ve du temps, s'il est attaché aux qualités du coeur et de l'éfprit, et fondé fur la vertu. Si la mort vient à nous enlever la per-fonne que nous chéris-fons, il est jufte d'en être affligé, mais il faut que cette affliction foit raifonnable, et qu'elle n'aille pas juf-qu'au défefpoir. Nous devons en toutes cho-fes conferver notre rai-fon et une parfaite foumiffion aux volonté de Dieu.

No. 21.

Suite de Penſées morales, pour être lues
ſans épeller.

No. 21.

La juſtice et l'équité veulent qu'après avoir rempli nos devoirs envers Dieu, qui est notre pere et notre maitre, qui nous donne tout ce que nous avons ; nous ne faſſions jamais aux autres ce que nous ne voudrions pas qu'on nous fit à nous mêmes. Comme nous déſirons que les autres ſoient pour nous, doux, obligeants et bons, il faut donc être tout cela à leur égard. Ainſi, gronder ſans néceſſité, avoir de l'humeur, ne pas tenir ſes promeſſes, trouver aux autres des défauts ou des torts qu'ils n'ont pas, c'est être injuste ; et l'injuſtice est une choſe odieuſe, qui offenſe Dieu, et qui inſpire du mépris à tout le monde.

B 2   No. 22.

No. 22.

La reconnoissance confiste à être touché de tout ce qu'on fait pour notre bien, et de tous les fervices qu'on nous rend. C'eft pourquoi nous devons aimer tous ceux qui nous font du bien et qui ont la bonté de nous inftruire. Nous devons chercher en toute occafion à leur faire plaifir, à les aider, les fecourir quand ils en ont befoin. Nous devons excufer leurs torts s'ils en ont, et ne jamais parler de leurs défauts, vuque nous ne fommes pas, nous mêmes fans imperfections. Il faut s'accoutumer à refléchir avant de parler ou d'agir, et ne jamais parler ou agir fans reflexion : car une perfonne qui s'accoutume à refléchir, est toujours fage et aimable.

No. 23.

No. 23.

Le vice qui nous rend le plus ridicule, c'est l'orgueil. Une perſonne qui ſe vante ou qui parle ſouvent d'elle, qui déſire et qui recherche continuellement des louanges, eſt complétement ridicule. Elle donne au gens malins l'envie de ſe moquer d'elle, parce qu'il y a presque toujours en ce qu'elle dit ou en ce qu'elle fait, une ignorance ou une bêtiſe riſible, qui fait que les gens les plus ſérieux, en la voyant ou en l'écoutant, ne peuvent s'empêcher de rire de ſon bavardage.

No. 24.

No. 24.

Les fots admirent ordinairement les perſonnes ſuperbement vêtues, qui ont des habits d'or et d'argent, des perles, des diamans, &c. Les gens ſpirituels et raiſonnables, au contraire, n'admirent que les perſonnes bonnes, vertueuſes, et dont les talents tendent au bien général. Celui qui a un eſprit ſolide et ſuperieur aux autres ne ſauroit être extravagant. Lorſqu'un homme d'eſprit devient méchant, et que ſon cœur ſe gâte, l'eſprit ſe gâte auſſi: c'eſt lorſqu'il ſe conduit mal, qu'il fait de vilaines choſes qu'on dit de lui, qu'il a perdu l'eſprit.

No. 25.

Un homme est ruiné dès qu'il a perdu toute sa fortune, par des malheurs, et s'il n'a malheureusement ni instruction ni talents, il tombe dans une affreuse misère, se voyant alors dénué de tout. Il est vrai qu'on le plaint s'il est honnête, et que même il se trouve des personnes sensibles et généreuses auxquelles il inspire des sentiments de compassion. Mais si au contraire il est devenu malheureux par sa propre faute, c'est à dire, par son libertinage et sa mauvaise économie, il n'inspire aux autres que du dédain et du mépris.

No. 26.

Quand on a des talents ou qu'on fait bien travailler, et qu'on n'est pas paresseux, on ne tombe point dans une misere parfaite. Cette considération ne doit cependant pas nous empêcher de plaindre les pauvres qui n'ont reçu aucune éducation, et qui n'ont pas été dans le as d'apprendre quelque métier. Comme ce n'est pas leur faute s'ils ne savent rien faire, notre devoir est de compatir à leur peine et de les secourir avec empressement.

No. 27.

La pudeur doit régner dans la décence de nos habillements, dans nos discours et dans nos actions. Une femme sans pudeur est méprisable et dégoûtante. Est-elle coquette, elle n'a de goût que pour les chofes les plus frivoles, pour la parure, pour les bals et les grandes asfemblées : elle est incapable d'un attachement vertueux, étourdie, envieufe, et d'une vanité folle et infupportable. Il n'y a donc que la pudeur, la raifon et la fenfibilité qui puisfent rendre une femme véritablement aimable.

No. 28.

No. 28.

Comme en toute chose l'on enseigne bien que ce que l'on fait bien soi même, il est important de ne donner à ses enfants pour les élever que des personnes bien instruites. Une bonne éducation les mettra à l'abri des dangers que l'on rencontre dans le monde, et développera dès la jeunesse, tous les dons de la nature. C'est l'éducation qui nous donne tout ce qui nous appartient, tout ce qui doit nous revenir une vingtaine d'années avant le temps ordinaire, en nous donnant, pour ainsi dire, jusqu'à l'expérience.

No. 29.

Nous terminerons ces lectures par la conversation suivante, entre une mere d'esprit et son enfant.

La mere. Qu'avez-vous mon enfant, vous avez l'air triste?

L'enfant. Maman, c'est la mort de madame L. qui m'attriste.

La mere. Vous la cohnoissiez à peine, nous ne l'avons vûe que deux fois.

L'enfant. Oui, maman; mais je l'ai vûe hier au soir en bohne santé, elle étoit bien gaie, et elle est morte ce matin tout d'un coup. Je vous assure que j'en suis bien triste quand j'y pense.

No. 30.

No. 30.

La mere. Cela s'appelle une mort subite, et c'est une chose assez commune: j'en ai vu plusieurs de semblables, entr'autres, une dame occupée à jouer aux cartes ; un monsieur s'habillant pour sortir, un autre étant au spectacle, &c.

L'enfant. Mon Dieu ! maman, que cela est effrayant !....

La mere. Eh, pourquoi, mon enfant ?

L'enfant. Ah, chere maman ! quand on pense qu'on peut aussi voir mourir comme cela ceux qu'on aime....

La mere. Cette pensée est bien triste, j'en conviens; mais cependant la mort n'est qu'une absence.

No 31.

No. 31.

L'enfant. Vous dites, chere maman, que la mort n'est qu'une absence, mais quand quelqu'un meurt, on ne le revoit pourtant jamais plus.

La mere. On ne le revoit plus dans ce monde, mais on le retrouve dans le ciel, si on a été bon pendant cette vie, et on le retrouve alors pour ne le plus quitter, et pour exister toujours et être éternellement heureux. Avec cette bonne pensée, on ne doit pas s'effrayer de la mort ; quoi qu'il est cependant très naturel de s'affliger quand on voit mourir ceux qu'on aime.

No. 32.

No: 51.

La mere. Mon enfant, on ne doit s'effrayer que lorsqu'on voit mourir ceux qui
ont mal vécu : car la mort est affreuse pour
les impies et pour les méchants, parce que
Dieu les punira selon sa justice, s'ils ne se
répentent sincerement de leurs fautes.

L'enfant. Ainsi, maman, quand nous som-
mes bons, nous devrions donc désirer de
mourir tout de suite?

La mere. Non, mon enfant, parce que
nous ne devons désirer que ce que Dieu veut,
Tant que Dieu nous laisse vivre, nous devons
songer à bien employer la vie qu'il nous
accorde pour être en état de nous jetter avec
confiance entre les bras de notre pere céleste.

No. 33.

L'enfant. Maman, ceux qui se tuent eux mêmes, n'aiment donc pas le bon Dieu, puisqu'ils ne se résignent pas à sa volonté?

La mere. Mon enfant, se tuer soi même est un crime qui n'est jamais commis que par des impies, qui n'ont pas le courage de supporter avec patience les accidents qui peuvent leur survenir. Ce sont des insensés, incapables de reflexion, qui, aulieu de chercher en Dieu leur consolation, s'abandonnent à un mouvement de rage, et d'une folie furieuse qui les aveugle entierement.

No. 34.

No. 34.

L'enfant. Ah, chere maman, cela fait frémir! Quand je serai en peine, au lieu de m'abandonner au désespoir, j'éleverai mon coeur à Dieu, pour le prier de me donner du courage.

La mere. Mon enfant, ne m'avez vous pas dit que Dieu est le créateur et le conservateur de toutes les créatures.

L'enfant. Oui, maman, c'est vous qui me l'avez appris, et je le crois très fermement.

La mere. Eh bien! mon enfant, entre toutes les créatures vivantes que nous connoisſons, quelle est celle à qui Dieu ait accordé une faveur toute particuliere?

L'enfant. C'est, je crois, l'homme: car Dieu lui a donné la raiſon en partage, qui lui ſert à ſe conduire ſagement, et à découvrir les devoirs que Dieu a attachés à ſa nature.

La mere. Et ces devoirs, comme je vous l'ai dit, ſont de trois ſortes; envers Dieu, envers nous mêmes, et envers nos ſemblables.

No. 35.

L'enfant. Maman, je vous prie de me les rapeller.

La mere. Premierement, nous devons adorer Dieu, comme notre créateur et notre pere; lui rendre graces de ses bienfaits; et nous soumettre à sa volonté, en quelque circonstance que nous nous trouvions. Secondement, nous devons travailler à la conservation de notre propre vie, évitant avec soin tout ce qui peut troubler la santé de notre corps, et la tranquillité de notre âme. Troisièmement enfin, nous ne devons offenser personne, soit par nos actions ou par nos paroles; mais au contraire, être justes, équitables, et aussi bons envers les autres que nous désirons qu'on le soit à notre égard.

L'enfant. Mais, maman, que doit faire celui qui a manqué à quelqu'un de ces devoirs?

La mere. Il doit en demander pardon à Dieu; réparer de son mieux la faute qu'il a commise, et prendre la ferme résolution de se corriger : sachant que Dieu voit toutes nos mauvaises actions, et qu'il les punira selon sa justice divine, soit dans cette vie ou dans l'autre.

NOTIONS GRAMMATICALES.

No. 36.

La Grammaire est la science qui apprend les régles de la langue qu'on veut parler et écrire corectement.

On se sert de neuf sortes de mots qui sont, le *nom*, l'article, le *pronom*, le *verbe*, le *participe*, l'*adverbe*, la *préposition*, la *conjonction*, et l'*interjection*.

1°. Le nom est ou substantif ou adjectif : le premier désigne la chose même, comme *livre*, *plume*, &c. Le second marque la qualité de cette chose, comme, *beau*, *bon*, &c. Exemple. Un *beau livre*, une *bonne plume*.

2°. L'article se met avant le nom pour en faire connoître le genre et le nombre, comme, *le*, *la*, *les*, *un*, *une*, *des*. Exemple. *Le* pere, *la* mere, *les* enfants; *un* arbre, *une* branche, *des* feuilles.

No. 37.

No. 37.

3°. Le pronom est un mot qui tient la place du nom de la personne ou de la chose, comme quand on dit, parlant d'un garçon, *il* s'applique, et d'une fille, *elle* est sage : ce livre est le *mien*, voici le *vôtre*, etc.

4°. Le verbe sert à marquer les actions que l'on fait, comme, je *parle*, vous *dormez*, mon frere *lit*, mes sœurs *écrivent*, etc. où les mots *parler*, *dormir*, *lire*, *écrire*, sont des verbes.

Le verbe change par la conjugaison suivant les modes, les temps et les personnes. Exemple. *Je parle, tu parles, il parle, nous parlons, vous parlez, ils parlent. J'ai parlé, je parlerai; on veut que je parle; que nous parlions* françois.

5°. Le participe est un mot qui vient d'un verbe, et qu'on emploie comme un nom adjectif, comme: mon livre est *perdu*, ma plume est *perdue*, mes livre, font *perdus*, mes plumes font *perdues*: du verbe *perdre*.

6°. L'adverbe suit le verbe pour marquer la circonstance de l'action, comme: Etudions *diligemment*, fortons *ensemble*, reftons *ici*, allons *là*, dites moi *où* nous irons, etc.

No. 38.

No. 38.

7°. La préposition est un mot qui précède un nom ou un pronom pour marquer les rapports entre les choses, comme : *Votre chapeau est* sur *la chaise,* près de *la porte, etc.*

8°. La conjonction sert à lier une phrase, pour former un sens parfait, comme quand on dit : *je veux* que *vous fassiez votre devoir,* et ue *vous vous appliquiez, etc.*

9°. L'interjection exprime les mouvements de l'âme, comme la joie ou la douleur. Exemple. *Fi donc* Henry, *Eh !* quel méchant enfant !

On appelle Syntaxe, l'union, l'accord et l'arrangement d'une phrase conformément aux loix de l'usage, dont il seroit ridicule de s'écarter. Par exemple, l'adjectif doit s'accorder avec le substantif en genre et en nombre ; le verbe avec son nominatif ou sujet, en nombre et en personne, comme : *Un pere* prudent, *une mere* prudente , *des enfants* obéissants : *l'écolier* lit, *les écoliers* lisent, *etc.*

FABLES CHOISIES DE LA FONTAINE.

No. 39.

La Cigale & la Fourmi.

La Cigale ayant chanté
   Tout l'été,
Se trouva fort dépourvue
Quand la bife fut venue;
Pas un feul petit morceau
De mouche ou de vermisfeau,
Elle alla crier famine
Cher la fourmi fa voifine,
La priant de lui prêter
   Quelque grain pour fubfifter
Jusqu'à la faifon nouvelle.
Je vous pairai, lui dit-elle,
   Avant l'Août, foi d'animal,
Interêt & principal.
La fourmi n'est pas prêteufe :
C'est là fon moindre défaut.
   Que faifier vous au temps chaud ?
Dit elle à cette emprunteufe.
Nuit & jour à tout venant
Je chantois, ne vous déplaife.
Vous chantiez! J'en fuis fort aife;
Hé bien, danfez maintenant.

C 3

No. 40.

La Grenouille qui se veut faire aussi grosse que le Boeuf.

Une Grenouille vit un Boeuf,
Qui lui sembla de belle taille.
Elle, qui n'étoit pas grosse en tout comme un oeuf,
Envieuse s'étend, & s'enfle, & se travaille,
Pour égaler l'animal en grosseur,
Disant: Regardez bien, ma soeur,
Est-ce assez ? Dites-moi, n'y suis-je point
    encore?
Nenni. M'y voici donc? Point du tout. M'y voilà?
Vous n'en approchez point. La chétive pécore
    S'enfla si bien, qu'elle créva.
Le monde est plein de gens qui ne sont pas plus
    sages :
Tout bourgeois veut bâtir comme les grands
    seigneurs :
Tout petit Prince a des ambassadeurs :
    Tout Marquis veut avoir des pages.

No. 41.

No. 41.

La Génisse. la Chèvre & la Brebis, en société avec le Lion.

La Génisse, la Chèvre, & leur foeur la Brebis,
Avec un fier Lion, feigneur du voifinage,
Firent fociété, dit-on, au temps jadis,
Et mirent en commun le gain & la dommage.
Dans les laqs de la chèvre un cerf fe trouva pris.
Vers fes asfociés ausfi-tôt elle envoie.
Eux venus, le lion par fes ongles compta,
Et dit: Nous fommes quatre à partager la proie,
Puis en antant de parts le cerf il dépeça:
Prit pour lui la premiere en qualité de Sire:
Elle doit être à moi, dit-il; & la raifon,
C'est que je m'appelle Lion:
A cela l'on n'a rien à dire.
La feconde par droit, me doit échoir encor:
Ce droit, vous le favez, c'est le droit du plus fort.
Comme le plus vaillant je prétends la troifième.
Si quelqu'un de vous touche à la quatrième,
Je l'étranglerai tout d'abord.

No. 42.

Le Rat de ville & le Rat des champs.

Autre fois le Rat de ville
Invita le Rat des champs,
D'une façon fort civile,
A des reliefs d'ortolans
    Sur un tapis de Turquie
    Le couvert se trouva mis.
    Je laisse à penser la vie
    Que firent ces deux amis.
Le régal fut fort honnéte,
Rien ne manquoit au festin :
Mais quelqu'un troubla la féte
Pendant qu'ils étoient en train.
    A la porte de la salle
    Ils entendirent du bruit.
    Le Rat de ville détale :
    Son cammarade le fuit.
Le bruit cesse, on se retire :
Rats en campagne aussi-tôt :
Et le citadin de dire,
Achevons tout notre rôt.
    C'est asfez, dit le rustique :
    Demain vous viendrez chez moi.
    Ce n'est pas que je me pique
    De tous vos festins de roi :
Mais rien ne vient m'interrompre ;
Je mange tout à loifir.
Adieu donc : Fi du plaifir.
Que la crainte peut corrompre !

No. 43.

Le Loup & l'Agneau.

La raison du plus fort est toujours la meilleure,
   Nous l'allons montrer tout à l'heure.
Un agneau se désalteroit
Dans le courant d'une onde pure.
Un loup survient à jeun, qui cherchoit aventure,
   Et que la faim en ces lieux attiroit.
Qui te rend si hardi de troubler mon breuvage ?
   Dit cet animal plein de rage.
Tu feras châtié de ta témérité.
   Sire, répond l'agneau, que votre majesté
      Ne se mette pas en colère,
      Mais plûtôt qu'elle considere
      Que je me vas désalterant
      Dans le courant,
   Plus de vingt pas au-dessous d'elle ;
   Et que par conséquent en aucune façon,
      Je ne puis troubler sa boisson.
   Tu la troubles, reprit cette bête cruelle ;
Et je sais que de moi tu médis l'an passé.
Comment l'aurois je fait si je n'étois pas né ?
Reprit l'agneau, je tête encore ma mere.
   Si ce n'est toi, c'est donc ton frere.
Je n'en ai point. C'est donc quelqu'un des tiens ;
Car vous ne m'épargner guère,
   Vous, vos bergers & vos chiens :
On me l'a dit : il faut que je me venge.
   Là dessus, au fond des forêts
   Le loup l'emporte, & puis le mange,
   Sans autre forme de procès.

No. 44.

La Mort & le Bucheron.

Un pauvre bucheron, tout couvert de ramée,
Sous le faix du fagot, aussi bien que des ans,
Gémissant & courbé, marchoit à pas pesants,
Et tâchoit de gàgner sa chaumine enfumée.
Enfin, n'en pouvant plus d'effort & de douleur,
Il met bas son fagot, il songe à son malheur.
Quel plaisir a-t-il eu dépuis qu'il est au monde?
En est-il un plus pauvre en la machine ronde?
Point de pain quelque fois, & jamais de repos.
Sa femme, ses enfants, les soldats, les impôts,
  Le créancier & la corvée,
Lui faut d'un malheureux la peinture achevée.
Il appelle la mort. Elle vient sans tarder:
  Lui demande ce qu'il faut faire.
C'est, dit-il, afin de m'aider
A recharger ce bois; tu ne tarderas guère.

No. 45.

No. 45.

Le Renard & la Cicogne.

Compere le Renard se mit un jour en fraix,
Et retint à diner commere la Cicogne.
Le régal fut petit, & sans beaucoup d'apprêts.
    Le galant, pour toute besogne,
Avoit un brouet clair, il vivoit chichement;
Ce brouet fut par lui servi sur une assiette.
La Cicogne au long bec n'en put attraper miette;
Et le drôle eut lapé le tout en un moment.
    Pour se venger de cette tromperie,
A quelque temps de là, la Cicogne le prie.
Volontiers, lui dit-il, car avec mes amis
    Je ne fais point cérémonie.
A l'heure dite, il courut au logis
De la Cicogne son hotesse,
Loua très fort sa politesse:
Trouva le diner cuit à point.
Bon appétit sur tout, renards n'en manquent point:
Il se réjouissoit à l'odeur de la viande
Mise en menus morceaux, & qu'il croyoit friande.
    On servit, pour l'embarasser,
En un vase à long col, & d'étroite embouchure.
Le bec de la Cicogne y pouvoit bien passer,
Mais le museau du Sire étoit d'autre mesure.
    Il lui fallut à jeun retourner au logis,
Honteux comme un renard qu'une poule auroit pris,
    Serrant la queue, & portant bas l'oreille.
    Trompeurs, c'est pour vous que j'écris:
    Attendez vous à la pareille!

No 46.

La Chauvesouris & les deux Belettes.

Une Chauvesouris donna, tête baissée,
Dans un nid de Belette ; & si-tôt qu'elle y fut,
L'autre, envers les souris de long-temps courroussée,
        Pour la dévorer accourut
Quoi! vous osez, dit-elle, à mes yeux vous produire,
Après que votre race a tâché de me nuire!
N'êtes vous pas souris? Parlez sans fiction.
Oui, vous l'êtes, ou bien je ne suis pas belette.
Pardonnez-moi, dit la pauvrette,
Ce n'est pas ma profession.
Moi souris! Des méchants vous ont dit ces nouvelles :
        Grace à l'auteur de l'univers,
        Je suis oiseau : voyez mes ailes ;
        Vive la gent qui fend les airs!
        Sa raison plut & sembla bonne.
        Elle fait si bien qu'on lui donne
        Liberté de se retirer,
        Deux jours après, notre étourdie
        Aveuglément se va fourrer
Chez une autre belette, aux oiseaux ennemie.
La voilà de rechef en danger de sa vie.
La dame du logis, avec son long museau,
S'en alloit la croquer en qualité d'oiseau,
Quand elle protesta qu'on lui faisoit outrage.
Moi, pour telle passer! Vous n'y regardez pas.
Qui fait l'oiseau? c'est le plumage.
Je suis souris : vivent les rats,
Jupiter confonde les chats.
Par cette adroite répartie
Elle sauva deux fois sa vie
Plusieurs se sont trouvés qui d'écharpe changeants,
Aux dangers ainsi qu'elle ont souvent fait la figue.
        Le sage dit, selon les gens,
        Vive le roi, vive la ligue.

No. 47.

No. 47.

Conseil tenu par les Rats.

Un chat, nommé Rodilardus,
Faisoit des rats telle déconfiture,
Que l'on n'en voyoit presque plus,
Tant il en avoit mis dedans la sépulture.
Le peu qu'il en restoit, n'osant quitter son trou,
Ne trouvoit à manger que le quart de son sou;
Et Rodilard passoit, chez la gent misérable,
Non pour un chat, mais pour un diable.
   Un jour, qu'au haut & au loin
   Le galant alla chercher femme,
Pendant tout le sabat qu'il fit avec sa dame,
Le demeurant des rats tint chapitre en un coin
Sur la nécessité présente.
Dès l'abord leur doyen, personne très prudente,
   Opine qu'il falloit, & plutôt que plûtard,
   Attacher un grelot au cou de Rodilard;
   Qu'ainsi, quand il iroit en guerre,
   De sa marche avertis ils s'enfuiroient sous terre;
   Qu'il n'y savoit que ce moyen.
Chacun fut de l'avis de monsieur le Doyen:
Chose ne leur parut à tous plus salutaire.
La difficulté fut d'attacher le grelot:
L'un dit: Je n'y vas point; je ne suis pas si sot:
L'autre: je ne saurois. Si bien que sans rien faire
On se quitta. J'ai maints Chapitres vûs,
Qui pour néant se sont tenus:
Chapitres, non de rats, mais chapitres de moines;
Voire chapitres de chanoines.
   Ne faut il que délibérer
   La cour en conseillers foisonne.
   Et il besoin d'exécuter?
   L'on ne rencontre plus personne.

No. 48.

No. 48.

Le Lion & le Rat.

Il faut autant qu'on peut, obliger tout le monde.
On a souvent besoin d'un plus petit que soi,
De cette vérité quelques fables font foi,
    ·Tant la chose en preuves abonde,
     Entre les pattes d'un lion,
Un rat sortit de terre asfez à l'étourdie.
Le roi des animaux, en cette occafion,
Montra ce qu'il étoit, & lui donna la vie.
     Ce bienfait ne fut pas perdu.
     Quelqu'un auroit-il jamais cru,
     Qu'un lion, d'un rat eût affaire ?
Cependant il avint qu'au fortir des forets,
     Ce lion fut pris dans des rêts,
Dont fes rugisfements ne le purent défaire.
Sire rat accourut, & fit tant par fes dents,
Qu'une maille rongée emporta tout l'ouvrage.
     Patience & longueur de temps
     Font plus que force, ni que rage.

No. 49.

No. 49.

Le Loup & la Cicogne.

Les loups mangent gloutonnement.
   Un loup donc étant de frairie,
   Se presfa, dit-on, tellement,
   Qu'il en penfa perdre la vie.
Un os lui demeura bien avant au gofier.
De bonheur pour ce loup, qui ne pouvoit crier
   Prés de là passe une Cicogne.
   Il lui fait figne, elle accourt.
Voilà l'opératrice aussi-tôt en besogne.
   Elle retira l'os: puis pour un si bon tour,
   Elle demanda fon falaire.
   Votre falaire? dit le loup,
   Vous riez, ma bonne commere!
   Quoi! Ce n'est pas encore beaucoup.
D'avoir de mon gofier retiré votre cou?
   Allez vous êtes une ingrate,
   Ne tombez jamais fous ma patte.

No 50.

Le Renard & les Raisins.

Certain renard gascon, d'autres disent normand,
Mourant presque de faim, vit au haut d'une treille
    Des raisins murs apparemment,
    Et couverts d'une peau vermeille.
Le galant en eut fait volontiers son repas.
    Mais comme il n'y pouvoit atteindre,
Ils sont trop verds dit-il, & bons pour des goujats.
    Fit-il pas mieux que de se plaindre ?

Le Renard & le Buste.

Les grands, pour la plûpart, sont masques de théatre ;
Leur apparence impose au vulgaire idolâtre.
L'âne n'en fait juger que par ce qu'il voit.
Le renard au contraire à fond les examine,
Les tourne de tous sens ; & quand il s'apperçoit
    Que leur fait n'est que bonne mine,
Il leur applique un mot, qu'un buste de héros
    Lui fit dire fort à propos.
C'étoit un buste creux & plus grand que nature.
Le renard en louant l'effort de la sculpture,
Belle tête, dit-il *mais de cervelle point.*
Combien de grands seigneurs sont bustes en ce
    point !

No. 51.

No. 52.

Paroles de Socrate.

Socrate un jour faisoit bâtir,
Chacun censuroit son ouvrage.
L'un trouvoit les de dans, pour ne lui point mentir,
    Indignes d'un tel personnage.
L'autre blâmoit la face; & tous étoient d'avis
Que les appartements en étoient trop petits,
Quelle maison pour lui! L'on y tenoit à peine.
    Plut au ciel, que de vrais amis,
Telle qu'elle est, dit-il, elle pût être pleine!
    Le bon Socrate avoit raison.
De trouver pour ceux là trop grande sa maison,
Chacun se dit amis; mais fou qui s'y repose.
    Rien n'est plus commun que ce nom,
    Rien n'est plus rare que la chose.

No. 53.

L'Oracle & l'impie.

Vouloir tromper le ciel, c'est folie à la terre.
Le dédale des coeurs en ses détours n'enferre
Rien qui ne soit d'abord éclairé par les dieux,
Tout ce que l'homme fait, il le fait à leurs yeux,
Même les actions que dans l'ombre il croit faire.
Un païen, qui sentoit quelque peu le fagot,
Et qui croyoit en Dieu, pour user de ce mot,
    Par bénéfice d'inventaire,
    Alla consulter Apollon.
    Dès qu'il fut en son sanctuaire,
Ce que je tiens, dit-il, est il envie ou non?
    Il tenoit un moineau, dit-on,
    Près d'étouffer la pauvre bête,
    Ou de la lâcher aussi-tôt
    Pour mettre Apollon en défaut.
Apollon reconnut ce qu'il avoit en tête.
Mort ou vif, lui dit-il montre nous ton moineau;
    Et ne me tens plus de panneau,
Tu te trouverois mal d'un pareil stratagême:
Je vois de loin: j'atteins de même.

No. 54.

No. 54.

La Poule aux œufs d'or.

L'avarice perd tout en voulant tout gagner.
Je ne veux pour le témoigner,
Que celui dont la poule, à ce que dit la fable,
Pondoit tous les jours un œuf d'or.
Il crut que dans son corps elle avoit un trésor.
Il la tua, l'ouvrit, & la trouva semblable
A celles dont les œufs ne lui rapportoient rien,
S'étant lui même ôté le plus beau de son bien.
    Belle leçon pour les gens chiches !
Pendant ces derniers temps combien en a-t-on vus,
Qui du soir au matin font pauvres devenus,
    Pour vouloir trop tôt être riches ?

Le chien qui lâche sa proie pour l'ombre.

    Chacun se trompe ici bas
    On voit courir après l'ombre,
    Tant de fous, qu'on n'en fait pas
    La plûpart du temps, le nombre,
Au chien dont parle Esope il faut les renvoyer.
Ce chien, voyant sa proie en l'eau représentée,
La quitta pour l'image, & pensa se noyer ;
La riviere devint tout d'un coup agitée,
A toute peine il regagna les bords ;
Et n'eut ni l'ombre ni le corps !

No. 55.

Le Bûcheron & Mercure.

Un Bûcheron perdit son gagne-pain,
C'est sa coignée ; & la cherchant en vain,
Ce fut pitié là dessus de l'entendre.
Il n'avoit pas des outils à revendre.
Sur celui-ci rouloit tout son avoir.
Ne sçachant donc où mettre son espoir,
Sa face étoit de pleurs toute baignée.
O ma coignée ! O ma pauvre coignée !
S'écrioit-il, Jupiter, rens-la moi :
Je tiendrai l'être encore un coup de toi.
Sa plainte fut de l'Olympe entendue.
Mercure vient. Elle n'est pas perdue,
Lui dit le dieu, la connoîtras tu bien ?
Je crois l'avoir près d'ici rencontrée.
Lors, une d'or à l'homme étant montrée,
Il répondit : Je n'y demande rien.
Une d'argent succède à la premiere :
Il la refuse. Enfin une de bois.
Voilà, dit-il, la mienne cette fois ;
Je suis content si j'ai cette derniere.
Tu les auras, dit le dieu, toutes trois :
Ta bonne foi sera recompensée.
En ce cas là je les prendrai, dit-il.

    Ne point mentir, être voutent du sien,
C'est le plus sur : et celui qui s'occupe
A dire faux pour attraper du bien !
Tôt ou tard en est dupe !

No. 56.

No. 56.

La Cigale trouvée parmi une foule de sauterelles.

Sur le midi, dans le temps,
Qu'aux moucherons chassent les hirondelles,
Un villageois chassoit aux sauterelles,
Qui, sautant & voletant dans ses champs,
Les condoient à belles dents,
Il les prend, il les empale,
Résolu de tout tuer.
Lors, sous la main lui tombe une cigale;
    Et, tout prêt à l'écraser,
D'un ton dolent la cigale s'écrie:
Considerez, bon homme, je vous prie,
    Que je n'ai, de ma vie,
Gâté vos fleurs, vos fruits, votre herbe, ni vos bois.
Pourquoi te trouves tu, resprit le villageois,
    En si mauvaise compagnie?

Portrait d'un enfant qui se conduit sagement.

No. 57.

L'enfant qui se conduit sagement, se comporte partout où il se trouve, suivant son âge : c'est-à-dire, avec l'attention et le respect qu'il doit aux grandes personnes.

S'il rencontre un vieillard, il le salue. Il salue aussi en entrant dans une maison, et son salut, qui est une marque de respect, pour ceux qu'il aborde, se fait avec modestie, et sans trop de précipitation.

Il choisit toujours la derniere place, quand on ne lui a pas encore marqué la sienne. Et en entrant ou en sortant, il laisse toujours passer devant, ceux à qui il doit des égards.

S'il est à table, il ne demande jamais rien, à moins qu'il ne voye qu'on l'ait tout à fait oublié. Et s'il est obligé de demander quelque chose, sa demande se fait dans les termes les plus honnêtes.

No. 58

No. 58.

Si on lui préfente quelque chofe, il ne reçoit jamais rien fans remercier et fans s'incliner légèrement.

Il s'accoutume de bonne heure à fe tenir droit: ne tourne point fans cesfe la tête de côté et d'autre, comme font les étourdis. Il en est de même de fes bras et de fes pieds, qu'il tient en repos.

Si on lui adresfe la parole, il écoute avec attention, et répond en peu de mots. Dans un cercle, il fait qu'à fon âge on doit fe taire, et ne répondre que lorsqu'on lui fait une question, ou qu'on l'invite à parler.

S'il fe trouve chez des étrangers, il ne touche point à tous les objets qui piquent fa curiofité, et fe garde foigneufement de ne rien demander.

Son habillement est toujours propre et décent, puisque c'est un égard qu'il doit aux autres. Sa propreté n'a pas feulement l'avantage de contribuer à fa fanté, mais elle le rend agréable aux autres.

No. 59.

No. 59.

A ſes repas il est également propre; et pour ne point degoûter les perſonnes qui mangent à côté de lui, il ne touche à rien ſans ſe ſervir de ſa cüillere ou de ſa fourchette. Il s'esſuie la bouche avant de boire, et ne le fait qu'après avoir avalé ce qu'il a dans la bouche, de peur de s'engouer en buvant avec trop de précipitation.

Si ſon tour vient d'être ſervi, et que par politeſſe on lui demande ce qu'il veut manger, il le dit modeſtement, et ſans jamais y ajouter: je ne mange point de ceci, ou je ne veux point de cela: ce ſeroit le langage d'un impoli.

S'il ſe rencontre par haſard quelque ordure dans les aliments, il ſe garde bien de les montrer à perſonne, il les poſe doucement ſur le coin de ſon asſiette, ainſi que les os qui ſe trouvent dans ſa viande.

No. 60.

No: 60.

Enfin pour s'accoutumer à tout ce qu'il doit faire ou ce qu'il doit éviter dans la société, il a toujours les yeux sur ceux, qui, par leurs manières honnêts, savent généralement s'attirer l'estime des autres. Il examine comment ils se conduisent, il les prend pour ses modèles, et les imite autant que la différence des âges le lui permet.

Celui, en effet qui marche sur les traces des honnêtes gens, ne peut manquer d'être un jour honnête lui même. Il est d'autant plus sans inquiétude, vu qu'il court rarement risque de se tromper. Les manieres déshonnêtes, ou le manque de civilité ne sont pas justement des crimes, mais elles sont désagréables aux autres, et nous font passer pour une personne de néant.

F I N.

Verbes pour donner à conjuguer aux enfants qui auront compris les notions grammaticales.

━━━◄◄◄◄◄◆►►►►►━━━

(*avoir et être.*)

1.

1. parler.
2. manger.
3. prier.
4. payer.
5. recréer.
6. se flatter.
7. venter.

2.

1. finir.
2. avertir.
3. punir.
4. bénir.
5. choisir.
6. assortir.

3.

1. recevoir.
2. concevoir.
3. devoir.
4. pleuvoir.

4.

1. rendre.
2. attendre.
3. répandre.
4. défendre.
5. vendre.
6. perdre.
7. répondre.
8. rompre.

irrég.

1. acquérir.
2. aller.
3. battre.
4. boire.
5. conclure.
6. connoître.
7. coudre.
8. courir.
9. craindre.
10. croire.
11. cueillir.
12. déchoir.
13. détruire.
14. dire.
15. écrire.
16. envoyer.
17. faire.
18. falloir.
19. fuir.
20. haïr.
21. joindre.
22. lire.
23. moudre.
24. mourir.
25. mouvoir.
26. naître.
27. offrir.

28. se plaindre.	39. suffire.
29. pouvoir.	40. suivre.
30. prendre.	41. se taire.
31. se prévaloir.	42. tenir.
32. prévoir.	43. tressaillir.
33. promettre.	44. vaincre.
34. résoudre.	45. valoir.
35. savoir.	46. venir.
36. sentir.	47. voir.
37. sortir.	48. vouloir.
38. soustraire.	

By de Drukkers dezes zyn mede de volgende Onderwysboeken der Fransche taal te bekomen.

Alphabeth ou Manière d'enseigner à lire à la jeunesse, par N. DEGAN.

———— le même augmenté de passages tirés de l'Ecriture sainte, des Chatechismes de BORSTIUS et de BEZE, et de Prières.

Nouvel Alphabeth François, par P. SAZERAC.

Alphabeth François pratique, par P. SAZERAC.

Instruction pour la jeunesse, par P. MARIN.

Méthode Familière, pour ceux qui commencent, se s'exercer dans la langue Francoise par P. MARIN.

Nouvelle Méthode pour appendre les principes et l'usage des langues Française et Hollandaise, of Nieuwe Fransche en Hollandsche spraakwyze, door P. MARIN, *geheel omgewerkte druk.*

Phrases, faciles très-necessaires pour faire traduire aux commençans avant des les mettre aux Thèmes de la Méthode familiere de P. MARIN.

Nouvelle Méthode courte et facile, pour apprendre à lire aux Enfans.

Inleiding tot den Franschen Onderwijzer, of beknopte wijze om het Fransch met gemak en in korten tijd te leeren spreeken, door J. FRANÇOIS.

Epitome des Principes de la langue Françoise, par H. J. REIMERINGER.

Livre de la conjngaison Française, par J. P. KLAUTZ.

Principes de Grammaire Française, absolument nécessaires, avec un recueil de Thèmes Hollandais pour les jeunes gens qui commencent à traduire, ouvrage indispensable dans les écoles, par P. SAZERAC.

Nuttige Opstellen om zich in het overzetten te oeffenen.

Abrégé de la Grammaire Française, par DU FOURG.

———————————————————————— par RESTAUT.

———————————————————————— par SAZERAC.

———————————————————————— par WAILLY.

Voorts de nieuwste en beste *Grammaires en Dictionaires*, en andere Leerboeken der Fransche taal, als mede allerlei Onderwysboeken der Jeugd, zoo in het Nederduitsch als in andere taal, alles tot de civielste Prijzen.